Die Weltmeisterschaft 2022 findet in Katar statt. Weil es im Sommer dort sehr heiss ist, wird sie zum ersten Mal im Winter stattfinden. Neben der WM ist in Europa die EM das wichtigste Turnier für die Schweizer Nationalmannschaft. Während bei der WM 32 Teams mitspielen, treten bei der EM 24 Mannschaften gegeneinander an.

Ausserhalb von England, wo der moderne Fussball erfunden wurde, war die Schweiz das Land, in dem zuerst professionell Fussball gespielt wurde. 1860 brachten Elitestudenten den Sport aus England an den Genfersee.

Den Final der WM 2018 hat fast die Hälfte der Menschheit angeschaut: 3,5 Milliarden Menschen verfolgten ihn damals am Fernseher (und ein paar weniger im Stadion).

Zürich und Nyon sind Fussball-Hauptstädte. Zwei wichtige Fussballorganisationen haben ihren Sitz in der Schweiz. Die FIFA (Fédération Internationale de Football Association) organisiert unter anderem die WM, die UEFA (Union des Associations Européennes de Football), die EM und die Champions-League.

Das schnellste Goal der Fussballgeschichte fiel 2017: nur 2,1 Sekunden nach dem Anpfiff.

Dieses Bilderbuch wurde in Zusammenarbeit mit dem SFV erarbeitet.
Mit freundlicher Unterstützung der Credit Suisse.

© 2022 Atlantis Verlag in der Kampa Verlag AG, Zürich
Auch auf Französisch erhältlich.
www.atlantisverlag.ch

Gestaltung: Lara Flues | Druck: Livonia Print, Riga
ISBN 978 3 7152 0852 7 | 1. Auflage 2022

Hopp Schwiiz

Alexander Oetker
Illustrationen von FagoStudio

atlantis

Hoi, ich bin Leon und sieben Jahre alt. Wir lieben Fussball – und wir lieben unsere Nati. Und den kleinen Maulwurf hier, den lieben wir auch.

Salut, ich bin Mia und weiss noch nicht, ob ich später als Stürmerin oder im Mittelfeld spielen möchte.

Für ein Spiel der Nati grabe ich mich immer ans Licht, neben dem Fussballfeld, damit kein Spieler über meinen Maulwurfshügel stolpert.

KICKEN FETZT!

Ob auf dem Pausenplatz oder im voll besetzten Stadion – Fussball ist immer ein Abenteuer. Aber wenn Mia und Leon in der grossen Pause miteinander kicken, träumen sie manchmal davon, später auch in der Nati zu spielen. Wie ihre Fussballstars das wohl geschafft haben? Mia und Leon haben eine Idee …

Hey, Xherdan, wir finden dich so toll, und wir würden auch gern so gut Fussball spielen wie du. Wie hast du das gemacht?

Hey, Murat, wie wird man Nati-Spielerin oder Nati-Spieler?

Xherdan antwortet: »Ich hab genauso angefangen wie ihr, auf einem kleinen Schuttiplatz in meinem Heimatdorf Augst bei Basel. Ich hab in jeder freien Minute versucht, ganz viele Goals zu schiessen. Also spielt einfach und vor allem: Habt Spass dabei.«

Der derzeit noch aktive Spieler mit den meisten Einsätzen in der Nati ist Xherdan Shaqiri mit über 100 Spielen.

Auch mehr als 100 Länderspiele auf dem Konto und Rekordtorschützin bei den Frauen ist Ana Maria Crnogorčević.

XHERDAN SHAQIRI

Xherdan Shaqiri wurde 1991 als Sohn albanischer Eltern im jugoslawischen Gnjilane (heute Gjilan, Kosovo) geboren. Als er noch ein Kind war, ist die Familie in die Schweiz gekommen, wo Xherdan auf einem Bauernhof in Augst aufwuchs und beim SV Augst seine ersten Goals schoss. Mit 8 Jahren wechselte er in die Jugendabteilung des FC Basel, wo er dann mit 17 sein Profi-Debüt gab. 2010 spielte er zum ersten Mal in der A-Nati und ist seitdem nicht mehr aus der Schweizer Mannschaft wegzudenken! Weil er mit 1,69 Meter nicht der Grösste ist, hat Xherdan schon einige Spitznamen verpasst bekommen: von Kraftwürfel über Zauberzwerg bis hin zu Alpen-Messi. Am liebsten ist ihm aber XS, seine Initialen.

WIE WIRD MAN NATI-SPIELERIN ODER NATI-SPIELER?

In die Schweizer Nationalteams kommen die besten Spielerinnen und Spieler der Schweiz. Sie sind Profis und spielen in den stärksten Teams der Welt. Nur wer vom Trainer ein Aufgebot bekommt, darf in der Nati spielen. Natürlich ist das eine schwierige Aufgabe, denn es gibt ganz viele gute Spielerinnen und Spieler. Um die WM zu gewinnen, muss der Trainer die grössten Talente ausfindig machen.

Murat: »Hallo, Mia und Leon, jede Spielerin und jeder Spieler beginnt mal ganz klein, sei es in der Quartierstrasse, im Garten oder auf dem Sportplatz. Für die Nati suche ich die besten Spieler der Schweiz.«

MURAT YAKIN

Murat Yakin, geboren 1974, wuchs mit 7 Geschwistern in Basel auf. Früh wurde sein Talent beim Basler Verein Concordia erkannt. Seine Profikarriere startete 1992 bei GC, führte ihn nach Deutschland und in die Türkei, bis er sie 2006 in seiner Heimatstadt beim FC Basel beendete. Seit 2021 ist Murat, der selbst 10 Jahre für das Schweizer Team spielte, Trainer der Nationalmannschaft. Er liebt Gummibärchen und schickte den Nordiren zum Dank Schoggi, als sie der Schweiz mit einer tapferen Abwehrleistung gegen Italien zur direkten Qualifikation für die WM 2022 verhalfen.

In der Schweiz kicken 160 000 Kinder und Jugendliche in Vereinen. Die Besten dürfen in den 14 Leistungszentren des SFV spielen. Die Credit Suisse, einer der Hauptsponsoren der Schweizer Nationalteams, engagiert sich auch in der Nachwuchsförderung.

DIE STARS VON MORGEN

Bei den G-Junioren (5 bis 6 Jahre) spielt man übrigens nur 2 x 20 Minuten mit 8 Spielern pro Team.

Gooal! Auch wenn beim Fussball Spass an erster Stelle steht, ein echtes Turnier ist Spannung pur. Für die Stars von morgen gibt es Turniere wie das Credit Suisse Kids Festival oder den Credit Suisse Cup, die offizielle Schweizer Schulmeisterschaft. Jedes Jahr nehmen über 5 600 Teams teil. Hier stehen schon Scouts am Spielfeldrand und halten Ausschau nach neuen Talenten – so haben schon viele grosse Kicker-Karrieren begonnen. Auch aktuelle Nati-Spieler wie Breel Embolo oder Denis Zakaria waren als Jugendliche beim Credit Suisse Cup dabei.

Jede Profifussballspielerin trainiert mindestens einmal am Tag. Schliesslich muss sie fit sein – und besondere Spielsituationen immer wieder üben.

TRAINIEREN WIE EIN PROFI

Stürmerinnen müssen versuchen, zwischen den Stäben hindurch zu dribbeln und ein Goal zu schiessen.

> Jetzt weiss ich, wie ich mich perfekt auf das nächste Grümpeli vorbereiten kann.

> Durchschnittlich läuft ein Profi in einem Spiel 11 Kilometer.

Mithilfe von Hütchen oder der Koordinationsleiter lernen die Spielerinnen, Bewegungen mit Rhythmus, Feingefühl, Gleichgewicht, Orientierung und gutem Timing auszuführen.

DIE SCHWEIZ UND IHRE NATI.
EIN LAND, EIN TEAM.

Da sind echte Helden: wie der Captain Granit Xhaka, der mit seiner Captainbinde die Mannschaft anführt und für Disziplin sorgt. Zweiter Captain ist Xherdan Shaqiri, ein echtes Schweizer Idol. Da sind Ruben Vargas, Manuel Akanji und Goalie Yann Sommer – und natürlich der Trainer: Murat Yakin.

Er formt aus den besten Spielern der Schweiz eine Mannschaft, die in Topform ist, technisch auf Weltklasseniveau spielt und so perfekt eingespielt ist, dass sie es mit den Teams der grossen Fussballnationen aufnehmen kann. Weil jeder Gegner anders ist, erarbeitet er für jedes Spiel eine neue Taktik. Bei seiner Arbeit wird er von seinem Assistenten Vincent, dem Goalietrainer Patrick und dem Konditionstrainer Oliver unterstützt.

11 Spieler sind es, die bei Anpfiff auflaufen dürfen – doch genauso wichtig sind die Ersatzspieler auf der Bank. Sie kommen auf den Platz, wenn jemand verletzt ist, bei einem langen Match einfach nicht mehr mag oder aus taktischen Gründen.

CREDIT SUISSE

Ein starker Partner: Die Credit Suisse ist seit 1993 die Hauptsponsorin der Schweizer Nationalteams.

MEHR ALS EIN TEAM

Es gibt nicht eine Nati, sondern zwei: die der Männer und die der Frauen. Und dann hat der SFV insgesamt 10 Juniorinnen- und Junioren-Nationalteams, von der U-15-Nati bis zur U-21-Nati.

Was immer gleich bleibt, sind die Farben des Trikots, das seit dem ersten Länderspiel im Jahr 1905 rot-weiss ist (das Heimdress ist rot und das Auswärtsdress ist weiss).

Direktor der Schweizer Nationalteams ist Pierluigi Tami.

> Nur bei zwei Länderspielen trug die Nati nicht ihre Farben: Einmal waren die Trikots blau, ein anderes Mal goldfarben.

SFV

11 Vereine gründeten 1895 im Bahnhofbuffet Olten die »Schweizerische Football-Association«. Der Schweizer Verband gehörte 1904 zu den sieben Landesverbänden, welche den Weltfussballverband FIFA ins Leben riefen. 1913 wurde der Name eingedeutscht und lautet bis heute: Schweizerischer Fussballverband (SFV). Sitz ist in Muri bei Bern. Präsident ist seit 2019 Dominique Blanc.

JUNIOREN-NATI

Die U-17-Junioren gewannen 2002 den EM-Titel und schafften 2009 die Sensation: Als erste Schweizer Mannschaft holten sie den WM-Titel. Bei der EM 2015 in Island erreichte die U-17-Frauen-Nati zum ersten Mal den Final. Und auch die U-21-Nati der Männer schaffte den Finaleinzug bei der EM 2011 in Dänemark.

FRAUEN-NATI

In der Schweiz wurde 1909 eine inoffizielle Frauenfussball-Meisterschaft gespielt und ein Jahr später die Schweizerische Damen-Fussball-Liga gegründet (SDFL). Unter dieser wurden auch erste internationale Spiele ausgetragen. 1993 wurde der Frauenfussball endlich in den SFV integriert. Bei der Frauen-WM 2015 in Kanada schaffte es das Team bis in den Achtelfinal.

WER IST DA NOCH?

Es sind nicht nur die Spieler, die unverzichtbar sind für den Erfolg. Ganze 50 Personen, unter ihnen die 23 aufgebotenen Spieler, reisen zur WM. Bevor die Reise losgeht, helfen 30 Personen die Reise zu planen, sodass das Team gut vorbereitet in das Turnier starten kann.

Unser Busfahrer Raphael bringt alle sicher ans Ziel.

11 SPIELER AUF DEM FELD — UND VIELE HELFER DANEBEN

Aus der Schweiz nimmt Emil zur WM mit: Haferflocken für das Birchermüesli, Rollgerste für die Bündner Gerstensuppe und Schoggi.

Und der Koch? Na klar, Emil macht das Frühstück und kocht das Mittag- und Abendessen. Das wäre doch toll, wenn du auch einen eigenen Koch hättest, oder?

Der Mannschaftsarzt Pierre-Etienne, der Masseur Patrick und der Physiotherapeut Nicolas kümmern sich um die Gesundheit der Spieler. Der Materialwart Roger kauft, wäscht und pflegt die Trikots und Hosen, aber auch die Fussballschuhe. Und der Platzwart kümmert sich um den Rasen im Stadion. Mähen, düngen, lüften – das macht viel Arbeit.

Dafür, dass Leon und Mia und alle anderen Fans auch alles über die Nati erfahren, sorgt der Medienchef Adrian mit seinem Team. Und Fabian, der offizielle Nati-Fotograf, hält die schönsten Momente fest.

FUSSBALL RUND UM DIE UHR

Wie bereiten sich denn die Teams auf die Länderspiele vor?

EIN TAG IM TRAININGSLAGER

08:00 Aufstehen und sich parat machen
09:00 Frühstück mit allen Spielerinnen
10:00 Taktikbesprechung
11:00 Interviewtermin
11:30 Physiotherapie und Massage
12:00 Fitnesstraining
13:00 Mittagessen von Koch Emil
15:00 Vor dem Training gibt es noch Zeit für ein Selfie mit den Fans
15:30 Training auf dem Platz
18:00 Videoanalyse des nächsten Gegners
20:00 Gemeinsames Abendessen
22:00 Schlafen

Vielleicht werd ich doch lieber Goalie!

GOALIE-TRAINING

Gaëlle Thalmann steht im Goal bei der Schweizer Frauen-Nati. Sie ist die einzige Spielerin, die den Ball mit der Hand halten darf – aber nur im Strafraum. Um den Ball besser fangen zu können und sich dabei nicht zu verletzen, hat Gaëlle immer Handschuhe an.
Sie hat einen eigenen Trainer, der mit ihr unterschiedlichste Spielsituationen übt: zum Beispiel wie man einen Penalty hält oder die Mauer beim Freistoss stellt.

Ein Goalie muss nicht nur Bälle halten, sondern auch abstossen – so weit wie möglich und idealerweise genau vor die Füsse einer Nati-Stürmerin.

WAS BRAUCHT EIN KICKER AUF DEM PLATZ?

Jeder Nati-Spieler erhält zwei Trikots pro Spiel.

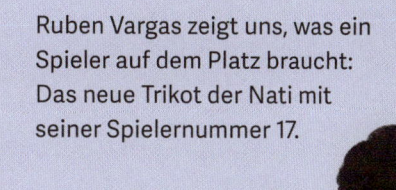

Ruben Vargas zeigt uns, was ein Spieler auf dem Platz braucht: Das neue Trikot der Nati mit seiner Spielernummer 17.

Ein GPS-Band unter seinem Shirt misst seine Laufstrecke und die Geschwindigkeit.

Unter seinen Stulpen trägt er Schützer, die die Schienbeine vor Verletzungen schützen sollen.

Für einen besseren Halt haben die Fussballschuhe Stollen – so kann sich der Spieler schnell und sicher auf dem Rasen bewegen. Und natürlich braucht es den Ball – denn ohne Ball gibt's keine Goals.

Bei der WM bekommt der Spieler mit den meisten Goals den goldenen Schuh. Mit 42 Goals in 84 Spielen ist Alex Frei der erfolgreichste Torschütze der Nati.

Hallo, Esther Staubli, du bist die bekannteste Schiedsrichterin der Schweiz und hast bei der Frauen-EM 2022 in England einen Halbfinal gepfiffen. Was ist deine Aufgabe?

SCHIRIS SORGEN FÜR EIN FAIRES SPIEL

Esther: »Als Schiri braucht man einen guten Überblick über das Geschehen, muss alle Regeln kennen und schauen, dass niemand schummelt. Wenn ich mal etwas übersehe oder mir unsicher bin, sind meine Helferinnen da.«

KARTEN

Die Gelbe Karte ist eine Verwarnung bei einem Regelverstoss oder einem Foul. Bei einem besonders gefährlichen Foul, absichtlichem Handspiel oder der zweiten Gelben Karte sieht der Spieler die Rote Karte – er muss vom Platz gehen.

Bei der WM 2022 in Katar leiten erstmals Schiedsrichterinnen Spiele.

FREISTOSS ODER PENALTY?

Einen Penalty gibt es, wenn im Strafraum gefoult wurde oder ein Spieler den Ball mit der Hand berührt hat. Wenn das Foul ausserhalb des Strafraums stattfand, gibt es Freistoss.

VAR

Die Video-Assistenten sitzen ausserhalb des Stadions und schauen sich das Spiel aus verschiedenen Blickwinkeln auf Bildschirmen an. So können sie den Schiedsrichter bei schwierigen Entscheidungen unterstützen. Der VAR (Video Assistant Referee) darf nur in 4 spielentscheidenden Situationen eingeschaltet werden: bei einem Goal, bei einer Roten Karte, bei einer Spieler-Verwechslung oder bei einem Penalty.

FAIRPLAY

Fairplay steht für ein bestimmtes sportliches Verhalten. Wichtig ist, dass der Spieler die Regeln einhält, niemanden gefährdet und Respekt zeigt. In der Schweiz gibt es fünf Fairplay-Regeln:

- Ich handle vorbildlich.
- Ich akzeptiere Entscheide.
- Ich spiele verantwortungsvoll.
- Ich bleibe cool.
- Ich denke und handle positiv.

Die fairsten Vereine werden jährlich mit der Fairplay-Trophy prämiert.

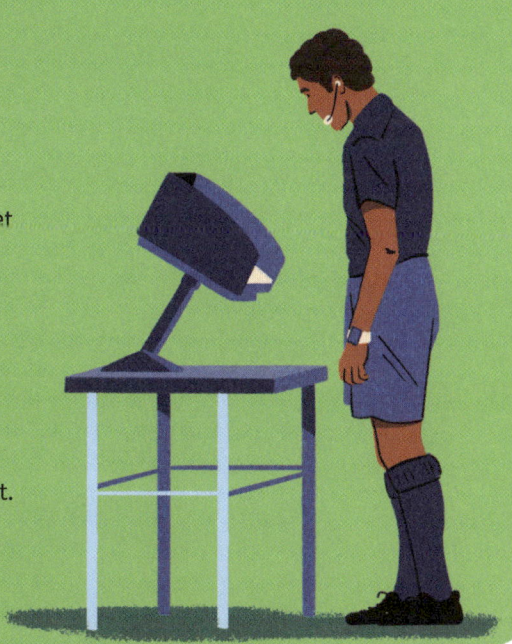

DIE WICHTIGSTEN REGELN DER WM

SPIELFELD
Die FIFA-Richtlinien schreiben eine Breite zwischen 64 und 75 Metern und eine Länge zwischen 100 und 110 Metern vor.

BEI ANPFIFF
Auf dem Platz stehen 20 Feldspieler und zwei Goalies. Dazu ein Schiedsrichter und zwei Assistenten an der Linie.

45 MIN. + 45 MIN. = 90 MIN.

15 MIN. + 15 MIN.

SPIELDAUER
Die reguläre Spielzeit eines WM-Spiels beträgt 90 Minuten. Eine Halbzeit dauert 45 Minuten. Bei Spielunterbrechungen kann der Schiedsrichter ein paar Minuten nachspielen lassen.

VERLÄNGERUNG
Wenn es nach 90 Minuten noch unentschieden steht, geht es in die Verlängerung, die 30 Minuten dauert.

Sogar die Grashalme auf dem Spielfeld müssen sich an Regeln halten: Sie dürfen nicht länger als 30 Millimeter sein.

PENALTYSCHIESSEN
Wenn es nach den 120 Minuten immer noch unentschieden steht, entscheidet das Penaltyschiessen: Wechselweise schiessen 5 Spieler jeder Mannschaft vom Elfmeterpunkt aus aufs Goal. Das Team mit den meisten Treffern gewinnt. Wenn eine Mannschaft einen nicht mehr einholbaren Vorsprung erzielt hat, wird das Penaltyschiessen beendet.

TRAINER

Auch der Trainer muss sich an Regeln halten: Er muss in der gestrichelten Coachingzone bleiben, und wenn er sich nicht benimmt, kann er die Gelbe oder sogar die Rote Karte bekommen. Bei letzterer muss er auf die Tribüne gehen und kann für das nächste Spiel gesperrt werden.

AUSWECHSLUNGEN

Jede Mannschaft darf dreimal im Spiel ingesamt 5 Spieler auswechseln.

OFFSIDE

Eine Spielerin steht im Offside, wenn sie in dem Moment, in dem eine Mitspielerin den Ball zu ihr spielt, in der Hälfte der gegnerischen Mannschaft näher zur gegnerischen Goallinie ist als der Ball und nicht mindestens noch zwei gegnerische Akteurinnen (inklusive Goalie) dazwischen sind.

Fussball lässt sich auch ohne Regeln spielen, solange man fair bleibt und einen Ball hat.

FUSSBALL IST EINE ACHTERBAHN DER GEFÜHLE

Genau wie im echten Leben gehören Niederlagen zum Fussball dazu. Die Spielerinnen lernen mit dem Leistungsdruck und den Emotionen umzugehen. Das ist nicht immer ganz einfach, doch zum Glück sind die Teamkolleginnen da, und ein Sportpsychologe hilft den Spielerinnen, sich Zuversicht anzutrainieren und sich gegenseitig Mut zu machen.

UNVERGESSLICHE NATI-AUGENBLICKE

Gegen Frankreich hält Yann Sommer bei der EM 2021 im Achtelfinal den entscheidenden Penalty gegen Kylian Mbappé – und wird dadurch zum Nationalhelden.

Bei der WM 2015 erreichen die Frauen in Kanada den Achtelfinal.

Aber es gibt auch traurige Momente – wie die Niederlage im EM-Viertelfinal gegen Spanien im Jahr 2021, als Ruben Vargas den Ball beim Penaltyschiessen über das Tor jagt.

Hey, Ruben, warst du sehr traurig, als du den wichtigen Penalty verschossen hast?

Ruben: »Klar. Ich war zuerst richtig enttäuscht. Aber dann haben mir meine Mitspieler gesagt, dass so was passieren kann – und wir haben uns alle umarmt. Man kann eben nicht immer gewinnen. Aber ich versuche mich beim nächsten Mal noch mehr zu konzentrieren – und dann treffe ich wieder.«

Die Nati gewinnt 1924 die Silbermedaille bei den Olympischen Sommerspielen.

Der Frachtraum des Flugzeugs wird schnell voll. Denn für das Training kommen 50 Bälle mit.

Vom Flughafen aus geht's mit dem Bus zum Hotel und danach ab ins Training!

WM – WIR KOMMEN!

Alle 4 Jahre hat die Nati die Chance, zum grössten Turnier der Welt zu reisen. Das Team von Murat Yakin hat es geschafft! Die Reise nach Katar ist geplant, das Hotel gebucht, und am 24. November 2022 rollt zum ersten Mal der Ball.

Jeder Spieler macht im Flieger, was ihm Spass macht. Manche schlafen, hören Musik, zocken, lesen oder quatschen miteinander. Und Trainer Murat sieht sich zusammen mit seinem Spiel- und Videoanalysten Kevin den letzten Match des Gegners an, um dessen Schwächen zu finden. Bei der Ankunft warten schon die Fans und Autogrammjäger.

Endlich ist es so weit. Mia und Leon sind schon so aufgeregt: Sie dürfen an den Händen von Granit Xhaka und Breel Embolo ins Stadion laufen, vor über 50 000 Fans! Was für ein Erlebnis!

11 Mal war die Schweizer Nati schon bei einer WM dabei. Ein Land nimmt übrigens automatisch an einer WM teil: das Gastgeberland.

HOPP SCHWIIZ

Die Fans werden oft als »zwölfter Spieler« auf dem Platz bezeichnet. Dank ihrer Unterstützung ist jedes Team noch stärker. Mia und Leon drücken der Nati fest die Daumen für das Spiel! Und du bestimmt auch.

Was machen denn Kartoffeln auf dem Rasen? Wütende Fans haben sie 1979 im Wankdorf-Stadion angepflanzt, weil ihr Club so schlecht gespielt hat. Der Platzwart hat die Erdäpfel mit nach Hause genommen – und dann gab es Rösti.

1965 stellte der SFV Madeleine Boll irrtümlich einen Spielerpass aus. So konnte das Mädchen mit den C-Junioren des FC Sion das Vorspiel des UEFA-Cup-Spiels zwischen dem FC Sion und Galatasaray Istanbul bestreiten. Ihre Präsenz auf dem Spielfeld erregte das Aufsehen der Journalisten aus dem In- und Ausland. Der SFV entzog ihr daraufhin die Lizenz mit der Begründung, dass nur männliche Spieler zur Qualifikation berechtigt seien.

Heinz Hermann hat zwischen 1978 und 1991 die meisten Spiele für die Nati gemacht: 118 waren es.

2017 gewannen die Schweizer Frauen den Zypern-Cup, eines der wichtigsten Turniere des Frauenfussballs.

Die besten Schweizer Teams kicken in der (Women's) Super League, die zweite Liga der Männer heisst Challenge League.

SO ÖPPIS! HAST DU DAS GEWUSST?

1954 hat die Schweiz die WM organisiert – und 2008 zusammen mit Österreich die EM – was für tolle Turniere!